STRALSUND

deutsch english svenska

Hans-Joachim Hacker [Text]
Harry Hardenberg [Fotos]

STRALSUND

DEUTSCH ENGLISH SVENSKA

Übersetzung ins Englische:
Christiane Tümmler
Übersetzung ins Schwedische:
Brigitte Haase

HINSTORFF

STRELASUND
Sundpromenade
Sarnowstraße
Knieperdamm
Nordmole
Johannisbastion
Seestraße
Ipenkai
Theater
Kniepertor
Am Johanniskloster
St. Johanniskloster
Johannischorstraße
Fährwall
Fährbastion
Olof-Palme-Platz
Hospitaler Bastion
Schillstraße
Knieperstraße
Külpstraße
Ballastkiste
"Gorch Fock I"
NORDHAFE
Mönchstraße
Alter Markt
Fährstraße
Fährkanal
Am Fischmarkt
Hansakai
Wasserstraße
Mühlenstraße
Rathaus
St. Nikolai
Semlowerstraße
Bechermacherstraße
Mauerstraße
Semlowerkanal
Ozeaneum
Knieperteich
Knieperwall
Ravensberger-straße
Steinerne Fischbrücke
Ossenreyerstraße
Kleinschmiedstraße
Jacobiturmstraße
Badenstraße
Badstüberstraße
Badenkanal
Querkanal
Kronlastadie-bastion
Heilgeistkanal
Alter Schwedenkai
Heilgeiststraße
Kütertor
Küterdamm
Küter-bastion
Bielkenhagen
St. Jakobi
Papenstraße
Am Langenwall
Langenkanal
Heilgeist-bastion
Meeresmuseum
St. Katharinen
Kulturhist. Museum
Böttcherstraße
Filterstraße
Langenstraße
Bei der Heilgeistkirche
Heilgeist-kloster
Jacobichor-straße
Frankenstraße
Dreifaltigkeitskirche
Apollonienmarkt
Museumsspeicher
Unnütze Straße
Blauturmstraße
Klosterstraße
Frankendamm
Katharinen-bastion
Poststraße
Judenstraße
Neuer Markt
Henning-Mörder-Straße
Marienchorstraße
Lobshagen
Frankenwall
Blaue Turmbastion
Katharinenberg
Tribseer Straße
St. Marien
Zipollenhagen
zum Bahnhof
Kiebenhieberstraße
Bleistraße
Marienstraße
Weingartenbastion
Frankenteich
Tribseer Bastion
Weidendamm
Schützenbastion
Karl-Marx-Straße
Mühlenbastion
Wulflamufer
N
0 50 100 150 200 250 m

EINLEITUNG

»Die Altstadtinsel Stralsunds stellt in ihrem heutigen Erhaltungszustand ein einzigartiges städtebauliches Denkmal der Hansezeit dar. Sie ist ein hervorragendes Beispiel eines Typus von Gebäuden oder architektonischen Ensembles [...], die einen oder mehrere bedeutsame Abschnitte der Geschichte versinnbildlichen.« So begann der gemeinsame Antrag der Hansestädte Stralsund und Wismar zur Aufnahme in die Welterbeliste der UNESCO. Ein erfolgreicher Antrag, ging doch der 27. Juni 2002 in die Geschichte beider Städte als ein besonderer Tag ein: Das Welterbekomitee erklärte sie gemeinsam zum Weltkulturerbe.

Die Freude darüber war und ist in Stralsund riesengroß. Der neue Status stellte aber gleichsam eine große Verpflichtung dar. Es galt nun, die in den vorangegangenen Jahrzehnten entstandenen Lücken in den Straßenzügen zu schließen und die vorhandene Bausubstanz fachgerecht zu sanieren. Um dies inhaltlich abzusichern, wurde ein Gestaltungsbeirat berufen. Es ist ein unabhängiges Gremium, das aus namhaften Fachleuten besteht und die Kommune in architektonischen und wie stadtgestalterischen Fragen bei öffentlichen und privaten Bauvorhaben von besonderer städtebaulicher Bedeutung berät.

Fast ein Jahrzehnt ist vergangen. Es ist augenscheinlich: Die Stralsunder Altstadt ist revitalisiert worden. Einheimische wie auch die zahlreichen Gäste gehen heute an wunderschön restaurierten Giebeln aus unterschiedlichen Stilepochen vorbei. Auch die »Lückenbauten« fügen sich harmonisch ein.

In Stralsund befindet man sich bei einem Rundgang fast zwangsläufig auf dem »Weg zur Backsteingotik«, jenem auch international wirksamen Projekt. Die gotischen Kirchen und Klöster bieten Vielfältiges. So die Kulturkirche St. Jakobi, die im Langschiff eine Dauerausstellung mit Bildern von Friedensreich Hundertwasser zeigt. Derselbe Raum wird auch als Veranstaltungsort für unterschiedliche Genres genutzt. Meeresmuseum und Kulturhistorisches Museum, im einstigen Dominikanerkloster St. Katharinen beheimatet, sind vielbesuchte Stätten. Das »Gewissen der Stadt« – das Stadtarchiv – befindet sich im ehemaligen Franziskanerkloster St. Johannis und kann in der Sommersaison besichtigt werden. Am meisten fotografiert wird zweifellos das Rathaus am Alten Markt mit seiner wunderschönen Schauwand und die dahinter liegende Nikolaikirche. Von dort ist es nicht weit zum Hafen. Die im 19. Jahrhundert aufgeschüttete Hafeninsel hat sich in den letzten Jahren zum Touristenmagneten entwickelt. Der Grund hierfür: das neu entstandene Ozeaneum. Entspannung bieten gastronomische Einrichtungen, manche mit Aussicht auf den Sund, die Inseln Rügen und Hiddensee. Wer dem Wasser noch näher sein möchte, nutzt die Möglichkeit der Hafenrundfahrt oder Überfahrt nach Hiddensee und Rügen. Der Blick von dort auf die Stadtsilhouette lässt neben Bekanntem drei neue Wahrzeichen erkennen: das bereits erwähnte Ozeaneum, die neue Halle der Volkswerft und die neue Rügenquerung. Natürlich bleibt noch viel zu tun, doch der Welterbestatus motiviert ungemein.

Neben den tausenden Gästen gehören mittlerweile auch die Studenten der Fachhochschule und die Absolventen der Marinetechnikschule zum Stadtbild.

Die neue Situation fasste im Jahr 2002 der damalige Ministerpräsident von Mecklenburg-Vorpommern, Harald Ringstorff, so zusammen: »Der alte hanseatische Stolz der Bürger auf ihre Stadt ist in Stralsund zu neuem Leben erwacht. Die Bürgerinnen und Bürger identifizieren sich wieder mit ihrer Altstadt, sie leben wieder gern in ihrer Mitte und zeigen sie selbstbewusst den vielen Gästen. Denkmäler geben einer Stadt ihr unverwechselbares Gesicht – die Silhouette von Stralsund gibt es auf der Welt kein zweites Mal. Alle Stralsunder kennen das Gefühl von Heimat, wenn sie am Horizont auftaucht.«

INTRODUCTION

»The old town of Stralsund in its present condition is a unique urban monument of the Hanseatic period. It is an outstanding example of a type of buildings or architectural ensembles (...) which illustrates a significant stage or stages in human history.«

This is how the joint recommendation of the Hanseatic towns Stralsund and Wismar for inclusion on the UNESCO World Heritage List read. The committee decided positively. June 27, 2002, that date went down in history for both cities: the Heritage Committee has declared them together as World Heritage Site.

The joy in Stralsund was, and still is, overwhelming. However, the new status, as it were, poses a major responsibility as well. Previous decades have left gaps in the original structures of the streets. Now it became a challenge to close them and to redevelop existing building substance skillfully. To ensure proficiency, an Urban Design Advisory Commission, an independent body, has been appointed. It consists of renowned experts who advise the municipality in architectural and urban planning measures on public and private construction projects with particular importance in the urban context.

Almost a decade has passed and it is evident: the historic town center of Stralsund has been revitalized. Today locals, as well as numerous guests, pass the beautifully restored gables from different stylistic periods. New buildings blend harmoniously.

When walking round in Stralsund, one is almost inevitable on »the Route of Gothic Brickwork«, that international effective project. Gothic churches and monasteries offer a manifold, such as the St James's Cultural Church. Its nave houses a permanent exhibition of paintings by Friedensreich Hundertwasser. The same room is also used as a location for different genres. Very popular sites are the Oceanographic Museum and the Museum of Cultural History, domiciled in the former Dominican Abbey of St Catherine.

The »Conscience of the City« – the city archive is located in the former Franciscan St John's Monastery. It is open to the public during summer season. There is no doubt; most pictures are taken from the town hall with its beautiful historic façade, located at the Old Market Place and with St Nicholas' Church in the background. From there it is not far to the harbor. The harbor island itself is an artificially claimed island, built in the 19th century. During the last years, it has become a major tourist attraction.

The reason is the newly built Ozeaneum. Restaurants invite to relax, some of them with view to the Sund, the Isle of Rügen and Hiddensee. For those who want to be even closer to the water, a habour tour or a ferry crossing to Hiddensee and Rügen is a great mean to do so. Viewing the skyline from there, one's eye is caught by well-known landmarks as well as three new ones: the already mentioned Ozeaneum, the new hall of the Volkswerft and the second bridge crossing to Rügen.

Of course, much work remains to be done. But the World Heritage status is tremendously motivating.

By now, alongside with thousands of guests, students of the University of Applied Science and graduates of the Navy's Engineering School belong to the cityscape.

In 2002, the then Prime Minister of Mecklenburg-Western Pomerania, Harald Ringstorff summarized as follows:

»The old Hanseatic pride to be a citizen of Stralsund has awoken to new life. Residents identify with the historic city center. They are happy to live here and show it with confident to their many guests. Monuments give a city a distinctive character – the skyline of Stralsund, there is no other place like it in the world. Every local knows the feeling of home, the moment it appears on the horizon.«

INLEDNING

»Stralsunds gamla stan belägen som en ö, presenterar sig i sitt nuvarande utseende som ett enastående arkitektoniskt minnesmärke från hansatiden. Gamla stan är ett unikt exempel av speciella byggnader eller arkitektoniska ensembler, som symboliserar en eller flera betydelsefylla historiska perioder.« Så började hansastädernas Stralsunds och Wismars gemensama ansökan om upptagande på UNESCO världsarvslistan. En framgångsrik ansökan. Den 27 juni 2002 är för båda städernas historia ett särskilt datum. Världsarvskommittén deklarerade dem båda tillsammans till världskulturarvet.

Glädjen var och är jättestor i Stralsund. Den nya statusen var på samma sätt en stor förpliktelse. Nu gällde det att fylla tomrummen på gatudragen, som har uppstått i tidigare årtionden och att renovera professionellt den befintliga byggnadsstrukturen. För att garantera det, utnämndes en rådgivande kommitté. Den är en oberoende sammanslutning av experter, bestående av framstående specialister och rådslår kommunen i arkitektoniska och stadsgestaltnings frågor samt i offentliga och privata byggnadsarbeten av utomordentliga betydelse.

Nästan ett årtionde gick. Det är uppenbart: Stralsunds gamla stan revitaliserades. Infödda och de talrika gästerna promenerar nuförtiden längs vackert restaurerade gavelhus från olika stilepoker. Också byggnaderna i tomrummen verkar harmoniskt.

På en rundvandring i Stralsund är man automatiskt på »Vägen till tegelgotik«, ett internationellt projekt. De gotiska kyrkorna och klosteranläggningarna visar en stor mångfald. T.ex. kulturkyrkan St. Jakob, i långhuset visas en stående utställning med målningar av Friedensreich Hundertwasser. Samma utrymme används även som tillställningsplats för olika genrer. Havsmuseet och Kulturhistoriska museet i det forna Dominikanerklostret St. Katharina är mycket besökta platser. Stadens »samvete« stadsarkivet är inrymt i det tidigare Franziskanerklostret St. Johannis och är öppet för besökare under sommarsäsongen. Den mest fotograferade byggnaden på gamla torget är med säkerhet rådhuset med den vackra uppvisningsfasaden och den bakom liggande Nikolai kyrkan. Härifrån är det inte långt till hamnen. Den på 18 hundratalet konstgjorda hamnön utvlecklats i de senaste åren till turistmagneten. Orsaken är det nybyggda museet Ozeaneum. För avkopplingen tjänar restauranger och den storslagna utsikten på Strelasund och öarna Rügen och Hiddensee. Den som vill vara ännu närmare till vattnet har möjligheten att göra en hamnrundtur eller en överfart mot ön Rügen. Härifrån har man en fantastisk blick på stadssilhuetten och ser bredvid kända, tre nya kännetecken: alltså Ozenaeum, den nya hallen på varvet »Volkswerft« och den nya Rügenbron. Naturligtvis finns det fortfarande mycket att göra. Men den nya världsarvsstatusen motiverar mycket. Inte bara tusentals gäster dominerar Stralsunds stadsbild även studerande på fakhögskolan och utexaminerade från Marinteknikskolan.

Mecklenburg-Vorpommerns tidigare statsminister Harald Ringstorff sammanfattade 2002 den nya situationen på följande sätt. »Den gamla hanseatiska stoltheten över staden har vaknat till nytt liv. Medborgarna identifierar sig igen med sin gamla stad, tycker om att bo därinne och visar den självmedveten för de många gästerna. Monument ger en stad ett överväxelbart ansikte. Stralsunds silhuett är enastående i världen. Var och en Stralsundbor känner sig hemma, när den blir synlig på horisonten.«

MATRATZEN CONCORD
HOTEL ZUM BAHNHOF
HOTEL

Als Tourist kommt man unter anderem mit dem Auto oder auch per Bahn nach Stralsund – rechts im Bild der 1905 fertiggestellte Bahnhof, gegenüber das Hotel »Zum Bahnhof«.

Tourists reach Stralsund by car or by train – on the right in the picture the train station, completed at 1905, across the hotel »Zum Bahnhof«.

Som turist kommer man bland annat med bil eller med tåg till Stralsund. Till höger den 1905 uppförda huvudstationen. Mittemot hotellet »Zum Bahnhof«.

Der Blick schweift von St. Marien über die Dächer der Altstadt mit der Nikolaikirche (rechts) bis zum Strelasund.

The gaze wanders from St Mary's Church over the rooftops of the old town with St Nicholas' Church (at the right) up to the Strelasund.

Blicken från Mariakyrkan svänger över gamla stadens tak med Nikolaikyrkan (till höger) på Strelasund.

Eines der neuen Wahrzeichen der Hansestadt Stralsund – die Rügenquerung: Das insgesamt rund 125 Millionen Euro teure, 4,1 Kilometer lange Brückenbauwerk wurde im Oktober 2007 für den Verkehr freigegeben. Der Pylon erreicht eine Höhe von 128 Metern.

One of the new landmarks of the Hanseatic City of Stralsund – the new second bridge crossing to Rügen: costly 125 millions, 4.1 km long, the bridge opened to traffic in october 2007. The pylon reaches a height of 128 m.

Ett av hansastadens nya kännetecken – Rügenbron. Byggnadsverket kostade drygt 125 milj. Euro och är 4.1 km långt. Bron invigdes i oktober 2007, sedan dess rullar trafiken. Pylonen är 128 m hög.

NICOLAI CAFE

Wahrzeichen gotischer Baukunst und Stralsunds sind zweifelsfrei die Nikolaikirche und das Rathaus. Letzteres ursprünglich als »Kophus« – Kaufhaus – errichtet, hat in den vergangenen Jahren eine umfangreiche Sanierung erfahren.

Landmarks of gothic architecture are without a doubt St Nicholas' Church and the town hall. The latter one was originally build to serves as »Kophus« – department store. During the last years, it has undergone an extensive restoration.

Kända byggnadsmärken i gotisk stil är utan tvivel rådhuset och Nikolain kyrkan. Rådhuset uppfördes ursprungligen som köpmannahus – är i de sista åren omfångsrikt renoverat.

VANS

HANSE

Der Alte Markt war einst, seinem Namen entsprechend, ein Platz, auf dem Markt abgehalten wurde. Heute entspannen sich hier Einheimische und Touristen in den Cafés und Gaststätten.

The Old Market Square, like its name says, has once been a place where markets were held. Today locals and tourists relax in café s and restaurants.

Gamla torget var en gång en plats för torgdagar. Idag avkopplar här infödda och turister på café och restauranger.

oben: Der Stralsunder Rotary-Club hat 2005 für die sehbehinderten Einwohner und Gäste Stralsunds ein Tastmodell der Altstadt anfertigen und neben dem Rathaus aufstellen lassen.
unten: Im Zuge der Rathaussanierung sind in die im Mittelalter als Läden genutzten Räume im Erdgeschoss wieder Verkaufseinrichtungen eingezogen, so die im Bild zu sehende »Hanse Galerie«.

above: For the visually impaired and for guests of the city the Rotary Club of Stralsund had a touch model of the old town made in 2005. It is situated next to the town hall.
below: As part of the renovation of the town hall, rooms at ground floor used as shops during the Middle Ages are filled with new live again. Retail establishments have moved in, like the »Hanse Galerie« in the picture.

ovan: Uppdragsgivare för ett modell, som kan vidröras av synskadade människor och stadens gäster var Stralsunds Rotary Club 2005. Modellet visar gamla stan och är uppställt bredvid rådhuset.
nedan: Efter rådhusets renovering används utrymmen på nedre botten precis som på medeltiden som försäljningslokaler t.ex. »Hanse Galerie«.

APOTHEKE 1998

ST. NIKOLAI
NICOLAI CAFÉ

Das Erdgeschoss des Traufenhauses Ossenreyerstraße 1 beherbergt seit 2011 eine Ausstellung zum UNESCO-Welterbe. Im Stockwerk darüber sind von Jakob Philipp Hackert im 18. Jahrhundert gemalte Tapeten zu sehen.

The ground floor of the eave house Ossenreyerstraße 1 hosts a UNESCO World Heritage exhibition since 2011. On the floor level above are wallpapers painted by Jakob Philipp Hackert in the 18th century on display.

På nedre botten av takfotbyggnaden på Ossenreyerstraße 1 finns sedan 2011 en utställning till världskulturarvet. På första våningen påträffar man tapeter, målade på 17 hundratalet av Jakob Philipp Hackert.

oben: Der Schatten der Rathausschauwand fällt auf das Haus des einstigen Bürgermeisters Bertram Wulflam. Er war einer der einflussreichsten Hansepolitiker und Wortführer bei den Friedensverhandlungen mit Dänemark im 14. Jahrhundert.

above: The shadow of the beautiful historic façade of the town hall projects on the house of the former mayor Bertram Wulflam. He was one of the most influential Hanseatic politicians and leaders during the peace negotiations with Denmark in the 14th century.

ovan: Rådhusets uppvisningsfasad kastar sin skygga på huset av den forna borgmästaren Bertram Wulflam. Han var en av de mäktigaste politiker på hansatiden och en av de drivande krafterna vid fredsförhandlingarna med Danmark på 13 hundratalet.

unten: Bei der Sanierung des rechts im Bild stehenden gotischen Stufengiebelhauses machte man 1891 eine aufsehenerregende Entdeckung: Unter barockem Putz fanden sich Reliefmedaillons aus Terrakotta vom Lübecker Meister Statius von Düren.

below: During restoration of the gothic stepped gable house in 1891, on the right in the picture, a sensational discovery has been made: underneath baroque plaster, relief medallions made from terracotta by the Lübeck master Statius von Düren were found.

nedan: Vid saneringen av det gotiska trapp gavelhuset (till höger på bilden) gjordes 1891 en uppseendeväckande upptäckt. Under den barocka putsen blev synliga reliefmedaljonger av terracotta, framställt av mästaren Statius von Düren från Lübeck.

In den Arkadenzwickeln des Hohen Chores von St. Nikolai findet sich gotische Ausmalung mit Blattmasken.

In the arcade-spandrels of the Higher Chapel of St Nicholas' Church are gothic paintings with foliate heads.

Gotiska målningar med bladmasker i arkadkilarna i Höga Koret från St. Nikolai.

Im Chorumgang der Nikolaikirche steht die Plastik Anna Selbdritt, die 1307 erstmals urkundlich erwähnt wurde. Sie gilt als Schutzpatronin u. a. der Krämer und Schiffer. Anna sitzt auf einem Thron, hält im linken Arm ihre kindlich dargestellte Tochter Maria, auf deren rechtem Knie Jesus sitzt.

There is a sculpture of Anna Selbdritt in the ambulatory of St Nicholas' Church. It was first mentioned in 1307. She is deemed to be a patron saint of shopkeepers and skippers. Anna is seated on a throne. In her left arm, she carries her faithful daughter Maria, on whoes right knee sits Jesus.

I Nikolaikyrkans korgång står stuckstatyn Anna Självtredja, första gången nämnd 1307. Hon gäller som kvinnlig skyddspatron bl. a. för krämare och skeppare. Anna sitter på en tron tillsammans med sin dotter Maria och Jesusbarnet.

Auf der Hafeninsel entstand 1935 ein Silo, dessen Baumaterial an den gotischen Backstein erinnert. Als Schmuckelement enthält die dem Sund zugewandte Seite dieses Keramikrelief einer Kogge.

In 1935 a silo was build on the harbor island. The building material reminds of gothic brick. This ceramic relief of a cog ship is a decorative element. It faces the Sund side.

På hamnön uppfördes 1935 ett magasinhus. Byggnadsmaterialet liknar gotisk tegelsten. På väggen mot vattnet kan man se en Hansakogga av keramik.

oben: Das Stadtwappen von 1720, hier an der Stadtbibliothek Badenstraße 13, zeigt den schwedischen Löwen, den pommerschen Greif und eine Pfeilspitze, während sich darüber die Königskrone und ein Kreuz befinden. Schwedenkönig Friedrich I. erhob die Ratsmitglieder für die Dauer ihrer Amtszeit in den Adelsstand.
unten: Über der Eingangstür Ossenreyerstraße 5 findet sich ein Wappen, das mit Elle, Messer und Stoffballen daran erinnert, dass dieses Haus einst der Gewandschneiderkompanie gehörte. Sie war die bedeutendste und mächtigste in der Stadt.

above: The coat of arms from 1720, here at the city library Badenstraße 13, shows the Swedish lion, Pomeranian griffin and an arrowhead, the kings crown and the cross are above it. The Swedish King Friedrich I. raised members of the council to the ranks of nobility during their term of office.
below: There is a coat of arms above the entrance of Ossenreyerstraße 5. With ell, knife and a roll of fabric, it reminds that this house has once belonged to the Cloth Merchant's Guild. It was the most important and powerful guild of the city.

ovan: Vapenskölden från 1720 på stadsbiblioteket Badenstraße 13 visar det svenska lejonet, den pommerska gripen, en pilspets, däröver finns kungskronan och ett kors. Stadens rådsmedlemmar hade som sådana personligt adelskap, ett privilegium förlänat av Sveriges konung Fredrik I.
nedan: Över ingångsdörren Ossenreyerstraße 5 finns en vapensköld. Den påminner om att detta hus förr tillhörde klädeshandlarnas kompani. Aln, kniv och tygrulle visar på yrket. Klädeshandlarnars kompani var den största och mäktigasta i staden.

HOTEL

KONTOR
CAFÉ &
RÖSTEREI
JEDEN DIENSTAG
LIVEMUSIK

Die Fährstraße ist die geschichtsträchtigste Straße Stralsunds. 1630 ging der Schwedenkönig Gustav II. Adolf vom Hafen durch sie zum Rathaus. 1809 starb auf ihr der Freiheitskämpfer Ferdinand von Schill.

The Fährstraße is the historically most portentous street of Stralsund. 1630 the Swedish King Gustav II. Adolf walked here from the harbor to the town hall. 1809 the freedom fighter Ferdinand von Schill died on it.

Denna gata är Stralsunds mest historisk gata. 1630 gick Sveriges konung Gustav II. Adolf genom den här gatan från hamnen till rådhuset. 1809 stupade frihetskämparen Ferdinand v. Schill här.

oben: In der Fährstraße 24, linker Treppengiebel, wurde 1742 der Entdecker des Sauerstoffs Carl Wilhelm Scheele geboren. Als 14-Jähriger verließ er Stralsund und ging nach Schweden. Dort lernte und arbeitete er als Apotheker. 1786 starb Scheele in Köping.
unten: In Scheeles Geburtshaus und den Nachbarhäusern befindet sich seit 2011 das Hotel »Scheelehof«, zu dem auch ein Straßencafé gehört.

above: At Fährstraße 24, left stepped gabel, Wilhelm Scheele, the discoverer of the oxygen was born in 1742. He left Stralsund aged 14 for Sweden. There he served an apprenticeship and worked as a pharmacist. Scheele died in 1786 in Köping.
below: Since 2011 Scheeles birthplace and the neighboring houses are the hotel »Scheelehof«, including the street café.

ovan: På Fährstraße 24 vänster trappgaveln föddes 1742 Carl Wilhelm Scheele. Han upptäckte och påvisade forekomsten av syre. I 14 års åldern tog han sig till Sverige och började där sin utbildning som apotekare. Scheele dog 1786 i Köping.
nedan: I Scheeles födelsehus och i grannhusen finns sedan 2011 hotellet »Scheelehof« samt en uteservering.

Malerisch bilden die Fachwerkhäuser den ersten Innenhof im Johanniskloster. Im 18. Jahrhundert entstanden sie als Prövenerhäuser (Prövener: von Präbende = Hebung). Gegen Zahlung eines Geldbetrages konnte man das dauerhafte Wohnrecht erwerben.

Half-timbered houses form the picturesque first courtyard of the Monastery St John's. Built as monastic cells in the 18th century. People who where able to pay a certain amount for permanent occupancy rights, had the benefit to live here, while most residents had to live in a collective room.

Pittoreska korsvirkeshus finns på Johannisklostrets första förgård. De uppfördes på 17 hundratalet som så kallade »Prövenerhäuser«. Om man köpte ett sådant hus, fick man bo där på livstid.

Durch einen Brand wurde 1624 die frühgotische Hallenkirche des ehemaligen Franziskanerklosters St. Johannis zerstört. Heute befindet sich das Stadtarchiv in der Klosteranlage.

The early-Gothic hall church of the former Franciscan Monastery St John's burnt down in 1624. Today the city archive is located at the monastery complex.

Efter en brandkatastrof förstördes 1624 den tidiggotiska hallkyrkan i det forna Franziskanerklostret St. Johannis. Idag rymmes i klosteranläggningen stadsarkivet.

16

16

Bei einem Gang durch die Altstadt beeindrucken die unterschiedlich geformten und farblich gestalteten sanierten Haustüren.

During a walk through the old town: the variety of restored front doors in their colors and shapes is impressing.

Vid rundvandringen genom gamla stan imponerar de olika färgade och renoverade husdörrarna.

Am 1. Juli 1913 war Baubeginn für das Theater. Als Erstes wurde ein tragfähiger Baugrund geschaffen, wozu 800 Holzpfähle in den Boden eingerammt werden mussten. Die Einweihung erfolgte am 16. September 1916. 2006 begann eine umfassende Sanierung, die 2008 abgeschlossen werden konnte.

On June 1, 1913 construction of the theater started. 800 timber piles were rammed into the ground to construct the subsoil. It opened officially on September 16, 1916. From 2006 to 2008 the theatre was completely renovated.

Den 1 juli 1913 började man uppföra teatern. Först var det nödvändigt att förbereda fundamentet. Man måste slå in i marken 800 träpålar. Teatern invigdes den 16 september 1916. 2006 påbörjade en omfattande renovering, som avslutades 2008.

Das Kniepertor wurde 1293 erstmals im Stadtbuch erwähnt. Es ist eines der beiden erhaltenen Stadttore. Der Name ist auf die mittelalterliche Familie Knieper zurückzuführen. Einst Stadtzugang und Verteidigungswerk, wird es seit dem 19. Jahrhundert als Wohnhaus genutzt.

The Kniepertor was first mentioned in town records in 1293. It is one of the two still preserved city gates. Its name is due to the medieval family named Knieper. Once gateway to the city and defensive construction, since the 19th century it is used as a residential building.

Knieperporten blev 1293 första gången nämnd i inteckningsregistern. Den är en av de båda bevarade porterna. Namnet går tillbaka på familjen Knieper från medeltiden. Fordom var den stadens tillgång och försvar. Sedan 18 hundratalet används den som boningshus.

Der Blick in den nördlichen Teil der Mönchstraße lässt in jüngster Zeit sanierte Giebel aus unterschiedlichen Stilepochen erkennen. Namensgebend für die Straße ist das hier 1250 erstmals erwähnte Kloster St. Katharinen der Dominikanermönche.

A glimpse into the northern part of the Mönchstraße reveals recently restored gables from different stylistic periods. The Abbey of St Catherine of the Dominican monks was eponymous for the name of the street. It was mentioned for the first time in 1250.

När man tittar på Mönchstraße nordliga del kan man se just nu renoverade gavelhus från olika stilepoker. Gatan fick namnet efter det 1250 första gången nämnda dominikanerklostret »St. Katharinen«.

Das Doppelgiebelhaus Badenstraße 44 entstand in der Renaissance. Aus dieser Epoche finden sich nur wenige Bauten in der Stadt. Eine Besonderheit für Stralsund stellt der Balkonausbau zur Straßenseite dar. Im Inneren findet sich eine kostbare Deckenmalerei aus der Entstehungszeit.

The double gabled house at Badenstraße 44 originates from the renaissance. Only a few buildings from this epoch are left in the city. The balcony expansion facing the street is a peculiarity for Stralsund. Inside, a precious ceiling fresco from the time of origin is still preserved.

Dubbelgavelhuset Badenstraße 44 uppfördes på renässans tiden. Det finns bara få byggnader från denna tid i staden. En besynnerlighet för Stralsund är bursspråket på gatusidan. I det själva huset finns dyrbara takmålningar från usrpungen.

BÜCHER

Rekonstruierter Teil der mittelalterlichen Stadtmauer am Knieperteich – in der Bildmitte ist ein Wiekhaus zu sehen. In derartigen Bauten wurden Waffen und Gerätschaften für den Verteidigungsfall abgelegt. Später nutzte man sie als Wohnhäuser.

Reconstructed part of the medieval city wall at the Knieperteich – in the middle of the picture a guardhouse (Wiekhaus). Such buildings were storage rooms for arms and equipment for use in the event of an attack. Later they became dwellings.

Rekonstruerad del av stadsmuren vid Knieperteich. I mitten av bilden ett »Wiekhaus« ett hus som är en del av ett försvarssystem (delvis renoverat). I sådana hus förvarades vapen och redskap för försvaret. Senare byggdes den om till boningshus.

Das zweite erhaltene Stadttor Stralsunds ist das Kütertor. Erstmals erwähnt wurde es 1281. Die heutige Form stammt aus dem Jahr 1466. In seinem Umfeld hatten vor allem Küter – Schlächter, Fleischer – ihr Domizil.

The second preserved city gate of Stralsund is the »Kütertor«. First mentioned in 1281. Its present appearance dates back to 1466. In its surrounded area were mostly butcheries domiciled.

Den andra bevarade stadsporten är »Kütertor«, första gången nämnd 1281. Den nuvarande formen är från 1466. I närheten av porten bodde främst rackare – slaktare.

Das Backsteingebäude in der Wasserstraße beherbergte einst die Stadtwaage. Heute finden Stralsunds lesehungrige Kinder hier ihre Wunschbücher zum Lesen und Ausleihen. Ein moderner Anbau, mit Wohnungen und im Erdgeschoss einem Ladengeschäft, stellt einen starken Kontrast zur historischen Bausubstanz dar.

The brick building at Wasserstraße has once accommodated the public town scale. Today the enthusiastic reading children of Stralsund loan their favorite books here. The modern addition with apartments and stores at ground floor are in strong contrast to the historical building substance.

I denna tegelbyggnad på Wasserstraße fanns en gång stadsvågen. I dag hittar här Stralsunds unga läsare önskeböcker att läsa och låna ut. En modern tillbyggnad med lägenheter och på nedre botten en butik kontrasterar med den historiska byggnaden.

Dieses einstige Wiekhaus auf der Stadtmauer am Knieperteich wird schon lange als Wohnhaus genutzt. Neu hinzugekommen ist in letzter Zeit der Glasanbau.

This former guardhouse (Wiekhaus) on the city wall at Knieperteich has been used as a residential building for quite a long time. The glass extension is a recent addition.

Det tidigare Vikhaus på stadsmuren används sedan länge som boningshus. Nytt är en glastillbyggnad.

Das Meeresmuseum ist seit 1951 in einem Teil des ehemaligen Katharinenklosters untergebracht. Um das Gebäude im Originalzustand nutzen zu können, wurde in den 1970er Jahren eine selbsttragende Stahlkonstruktion eingebaut. Das Museum gehört zu den fünf meistbesuchten Deutschlands.

Since 1951, the Oceanographic Museum is housed in a section of the former Abbey of St Catherine. In order to use the building in its original condition a self-supporting steel structure was installed in the seventies. The museum is one of the five most visited museums in Germany.

Fiske och havsmuseet inhyses sedan 1951 i en del av det tidigare Katharinenklostret. För att kunna använda klostret i originaltillståndet inbyggdes omkring 1970 en självbärande stålkonstruktion. Museet är ett av de 5 mest besökta museer i Tyskland.

Der auf dem Vorhof des Meeresmuseums stehende Kutter wurde 1973 dorthin überführt. Der andere Teil der einstigen Klosteranlage wird vom Kulturhistorischen Museum genutzt. Sonderausstellungen und Veranstaltungen unterschiedlicher Art finden im ehemaligen Remter statt.

The cutter in the forecourt of the maritime museum was transferred there in 1973. The other section of the former monastery complex is used by the Museum of Cultural History. Special exhibitions and events of various kinds are held in the former refectory.

Den på Fiske och havsmuseets förgård stående kutter finns på denna plats sedan 1973. Klosteranläggningens andra del används av Kultur-historiska museet. Speciella utställningar och tillställningar olika slags äger rum i den tidigare Remter.

SAS 95

Detail aus dem Marienkrönungsaltar in der Marienkirche, der vor 1500 angefertigt wurde – bis 1971 befand er sich in der Friedhofskapelle von Semlow. Seit 1992 steht er im Hohen Chor der Kirche. Von 1992 bis 1999 konnten der Mittelschrein und die Seitenflügel restauriert werden.

Detail from the altar of the Coronation of the Virgin in St Mary's Church that dates back prior 1500. It was located in the cemetery chapel of Semlow until 1971. Since 1992 it has its place at the Higher Chapel of the church. From 1992 to 1998 the central shrine and the wings were restored.

Detalj av Maria kröningsaltare i Mariakyrkan skapat före 1500. Tills 1971 fanns altaret i kyrkogårdskapellet i Semlow. Sedan 1992 står det i Höga Koret. Från 1992 tills 1999 renoverades altarets mellanskrin och sidoflyglar.

Von 1653 bis 1659 schuf Friedrich Stellwagen die Orgel in der Marienkirche.

Friedrich Stellwagen created the organ of St Mary's Church from 1653 to 1659.

Från 1653 – 1659 skapade Friedrich Stellwagen orgeln i Mariakyrkan.

1298 wurde der Vorgängerbau der Marienkirche erstmals urkundlich erwähnt. 1382 oder 1384 stürzte dessen Turm ein und zerstörte das Gotteshaus. Unverzüglich begann man mit dem Neubau. Ein Blitzschlag vernichtet 1647 den Pyramidenhelm. Der heutige Barockhelm mit Laterne entstand 1708.

The predecessor of the St Mary's Church was first mentioned in records in 1298. In 1382 or 1384 the tower collapsed and destroyed the place of worship. They started immediately with the new construction. A lightning stroke destroyed the pyramid helmet of the roof in 1647. Today's baroque helmet with the lantern was built in 1708.

1298 dokumenterades första gången Mariakyrkans föregående byggnad. 1382 eller 1384 rasade tornet ner och förstörde byggnaden. Arbetet att uppföra en ny kyrka började genast. Efter ett blixtnedslag 1671 förstördes pyramid hjälmen. Den nuvarande barockhjälmen med lanterna uppfördes 1708.

M. FRIEDERICH
STELLWAGEN
HAT DIESES WERCK
VERRICHTET.
ANNO 1659.

BASE
e-plus+
LOTTO
VOSS
Festnetz

Die Ossenreyerstraße ist nach einer Kaufmannsfamilie benannt. Die Giebelfronten zeigen, dass von der mittelalterlichen Bebauung kaum etwas übrig geblieben ist. Damals wie heute stellt sie die Hauptgeschäftsstraße Stralsunds dar, über die vor allem die Touristen zum Alten Markt und Rathaus gelangen.

The Ossenreyerstraße is named after a merchant family. The gabled façades reveal that of the medieval buildings is hardly anything left. Then as now, it represents the main business street of Stralsund, the one where mainly tourists get to the Old Market and the town hall.

En köpmansfamilj gav namnet åt Ossenreyerstraße Gavelsfasaderna visar att nästan ingenting stannade kvar från den medeltida bebyggelsen. För tiden och även i dag är gatan Stralsunds affärsgata. Härifrån promenerar turisterna till Gamla torget och rådhuset.

KOSMOS
WEST
WASSER
FELSEN
PHOENIX

Eröffnung der Sonderausstellung »Spiegelungen – Herman van Veen antwortet Friedensreich Hundertwasser in der Kulturkirche St. Jakobi« 2011. Obwohl sich die Ausdrucksweisen beider Künstler unterscheiden, treffen sie sich in ihre Motivation: die Wirklichkeit nicht so hinnehmen zu wollen, wie sie ist.

Opening of the exhibition »Reflections – Herman van Veen answers Friedensreich Hundertwasser in the Cultural Church of St James's« in 2011. Although the expressions of both artists differ, they meet in their motivation: not wanting to accept reality as it is.

Öppnandet av specialutställningen »Speglingar. Herman van Veen svarar Friedensreich Hundertwasser i kulturkyrkan St. Jakob« 2011. Fastän det finns skillnader i uttrycket mellan båda konstnärarna möter de varandra i motivationen: realiteten inte enkelt att acceptera.

Das Areal um die Jakobikirche wurde am 6. Oktober 1944 bei einem Bombenangriff stark zerstört. In den letzten Jahren sind zahlreiche Neubauten nach historischem Vorbild entstanden. Die Wandgestaltung am Haus Papenstraße 7 ist allerdings moderner Natur. Die Plastik weist auf Friedensreich Hundertwasser hin.

The area around the Church of St James's was severely damaged during a bomb attack on October 6, 1944. In recent years, many new buildings have been developed according to historical models. The wall design of the house Papenstraße 7, however, is of modern nature. The sculpture refers to Friedensreich Hundertwasser.

Vid bombangreppet den 6 oktober 1944 blev arealen omkring Jakobkyrkan mycket förstörd. I de senaste åren uppfördes många moderna boningshus efter historiska förebilder. Väggprydnaden på huset Papenstraße 7 är modern. Plastiken hänvisar till Friedensreich Hundertwasser.

Fernab vom städtischen Alltagstrubel vermittelt die Badstüberstraße Ruhe und Romantik. Die Häuser sind nach 1990 liebevoll saniert worden. Bei Straßenfesten oder in der »Langen Nacht des offenen Denkmals« herrscht allerdings Ausnahmezustand, weil das Ambiente viele Besucher anlockt.

Far from the urban bustle of everyday life, the Badstüberstraße gives rest and romance. The houses have been lovingly restored after 1990. However, at street festivals or at the »Long Night of Open Monument« is state of emergency because the ambiance attracts many visitors.

Långt ifrån stadens vardagsbuller finns på Badstüberstraße lugn och romantik. Husen är kärleksfullt renoverade efter 1990. Vid gatufester och under Museumsnatten är det helt annorlunda, det finns massor av besökare. Då är »undantagstillstånd«.

Der Name der Bechermacherstraße verweist darauf, wer hier früher sein Handwerk betrieben hat. Das gotische Gebäude am rechten Bildrand war einst die Lateinschule an der Nikolaikirche. Im Hintergrund lugt der Turm der Jakobikirche hervor.

The name of the Bechermannstraße refers to who has previously operated his business here (Becher = Tumbler). The Gothic building at the right picture margin has once been the Latin school at the St Nicholas' Church. The tower of St James's Church peeks out in the background.

Namnet Bechermacherstraße hänvisar på det tidigare hantverket. Den gotiska byggnaden till höger i bilden var den tidigare latinskolan. I bakgrunden Jakobskyrkans torn.

Zum Heilgeisthospital gehörte auch eine gotische Hallenkirche (rechts). Zunächst befand sich das Hospital, in dem Arme und Kranke Obdach fanden, innerhalb der Stadtmauer. Nach 1300 wurde es dann aber nach außerhalb verlegt.

A Gothic hall church belonged to the Holy Spirit Hospital (at the right). The hospital was first within the city wall. It was a place where the poor and sick found shelter. Past 1300 the hospital was moved beyond it.

Heliga ande hospitalet tillhörde också en gotisk hallkyrka (till höger). Först var detta hospital för fattiga och sjuka beläget inom stadsmuren. Efter 1300 flyttade det utanför.

Blick auf die vier Stralsunder Kirchen und das Heilgeistkloster. Zwischen 1862 und 1868 erfolgte die Erweiterung des früheren Festungsgrabens, es entstanden etwa 22 Meter breite schiffbare Kanäle, die als Liegeplätze für kleinere Seeschiffe und Binnenfahrzeuge dienten.

View to the four churches of Stralsund and the Abbey of the Holy Spirit Hospital. Between 1862 and 1868 the former moat was broadened. That originated in navigable canals, about 22 meters wide, which served as berths for smaller seagoing vessels and inland waterway crafts.

Vy på Stralsunds fyra kyrkor och Heilgeistklostret (Heliga ande klostret). Mellan 1862 och 1868 utvigades fästningsgraven. Det uppstod ca. 22m breda segelbara kanaler, som användes till liggplatser för mindre skepp och inlandssjöfarten.

Die Fachwerkhäuser im Bereich des Heilgeisthospitals sind im 18. und 19. Jahrhundert gebaut worden. Sie ergeben einen geschlossenen romantischen Wohnbereich in unmittelbarer Hafennähe.

The half-timbered houses in the area around the Holy Spirit Hospital were built in the 18th and 19th century. They form a closed romantic residential area in proximity to the harbor.

Korsvirkeshusen i Heliga ande hospitalets område uppfördes på 17 och 18 hundratalet. De bildar ett slutet pittoreskt bostadsområde i närheten av hamnen.

Historie trifft auf Moderne – links das Hafenamt, daneben das Ozeaneum. Der erste Spatenstich für den Museumsbau erfolgte im September 2005, die Grundsteinlegung ein Jahr später. Seit dem 11. Juli 2008 können die Ausstellungen und Aquarien besichtigt werden.

History meets modernity – at the left the Port Authority, next to it the Ozeanum. The groundbreaking ceremony for the museum building took place in September 2005. The foundation stone was laid a year later. The exhibits and aquariums are open to the public since July 11, 2008.

Historie möter modarnism. Till vänster hamnkontoret, bredvid Ozeaneum. Det första spadtaget ägde rum i september 2005 och ett år senare grundstenläggande . Sedan den 11 juli 2008 kan man besiktiga utställningarna och akvarierna.

HASAN

Detail des Ozeaneums. Die Planung lag in den Händen des Büros Behnisch Architekten. Das Haus ist eher dem Meer als der Stadt zugewandt. Seine Form gleicht der umspülter Steine im Wasser. Das Gebäude ist in vier einzelne, den Themen des Ausstellungskonzepts zugeordnete Baukörper gegliedert.

Detail of the Ozeaneum. The planning was in the hands of Behnisch Architekten. The house is rather facing the sea than the city. Its shape resembles stones bathed in the water. The building is divided into four separate structures. They are organized in association to the themes of the exhibition concept.

Detalj av Ozeaneum. Kansliet Behnisch architekter tog hand om planeringen. Byggnaden vänder sig mer mot havet än mot staden. Formen liknar stenar i vattnet. Byggnaden är indelad i fyra enskilda byggnadsdelar respektive utställningskonceptionens temata.

Neben den Aquarien gibt es auch einen Raum von etwa 20 Meter Höhe und 30 Meter Länge, in dem Wale und andere Riesen der Meere in ihrer originalen Größe zu sehen sind. Das größte Becken mit 2,6 Millionen Litern Fassungsvermögen ist das Schwarmfischbecken im Nordsee-Rundgang.

In addition to the aquariums, there is a hall approximately 20 meters high and 30 meters in length. It accommodates whales and other giants of the seas as true-to-life replica in their original size. The swarm fish basin on the North Sea tour is the largest basin. It holds a capacity of 2.6 million liters of water.

Det finns bredvid akvarierna också en sal som är ca. 20m hög och 30m lång, här kan man se valar och andra havsgiganter i original storlek. Den största bassängen med 2.6 miljoner l fattningsförmåga är simfiskbassängen på Nordsjö rundgången.

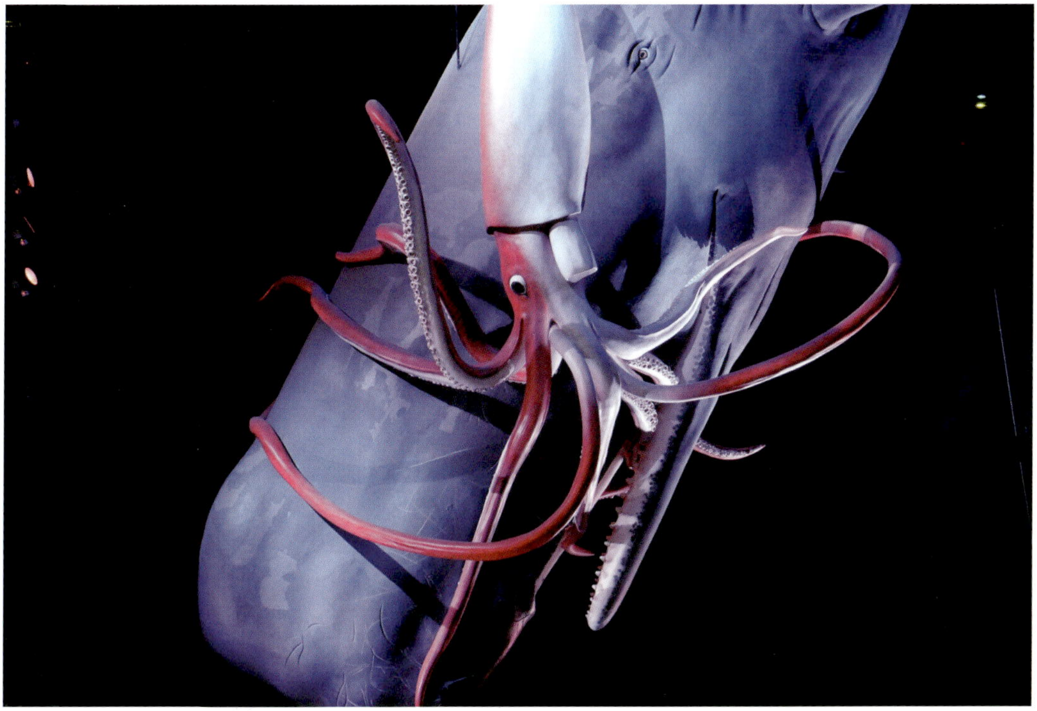

In der zweiten Hälfte des 19. Jahrhunderts kam es durch Aufschüttung zur Errichtung der Hafeninsel. Auf ihr wurden in der Folgezeit auch mehrere Silos errichtet. Die Detailaufnahme zeigt einen Ausschnitt des vom Volksmund so betitelten »Türmchenspeichers«.

In the second half of the 19th century, the harbor island was constructed through embankment. In the following years, several silos were built on it also. The image detail shows a section of that popularly titled »turret granary«.

På andra hälften av 18 hundratalet uppstod den konstgjorda hamnön. På den uppfördes senare flera magasinhus. Detaljfotot visar en utklippning av det såkallade lilla tornmagasinhuset »Türmchenspeicher« säger folket.

1866, Stralsund besaß noch den Festungscharakter, wurde die Seekaponiere, die als beschusssicheres Festungswerk den Außenhafen sichern sollte, errichtet. 1901 ist sie zum Lotsenwachenhaus in den heutigen Zustand umgebaut worden.

The caponier, a bulletproof fortress was built in 1866, when Stralsund still had its fortified character. It was supposed to secure the outer harbor. In 1901 it was converted into a pilot guardhouse and in its present condition.

1866, Stralsund var fortfarande en fästning, uppfördes kaponjären, ett beskjutningssäkert befästningsverk som skulle säkra uthamnen. 1901 byggdes den om till lotsvakthuset.

Einst erfolgten der Umschlag der Handelsware und ihre Zwischenlagerung auf der Hafeninsel. Heute ergreifen die Touristen Besitz von der Insel. Außerdem ist sie eine Stätte für die Durchführung von Festen und Veranstaltungen aller Art geworden.

The harbor island has once been a place for handling commodities and for interim storage. Today tourists take possession of the island. Furthermore, it has become a place of festivals and events of all kinds.

För i tiden hände på hamnön omlastningen av handelsvara och mellanlagringen. I dag är det turisterna som tar ön i besittning. Dessutom är den en plats för fester och många andra tillställningar.

Nach einer Stadtbesichtigung oder einem arbeitsreichen Tag bieten die gastronomischen Einrichtungen im Hafen oder an der Sundpromenade die beste Möglichkeit zur Entspannung – mit Blick auf den Strelasund sowie die Inseln Rügen und Hiddensee.

After a day of sightseeing or a busy working day, restaurants at the harbor or on the Sund Promenade are the best way to relax – with a view of the Strelasund and the islands of Rügen and Hiddensee.

Efter en stadsguidning eller en arbetsdag bjuder de gastronomiska inrättningarna i hamnen eller på Sundpromenaden den bästa möjligheten att koppla av med utsikt på Strelasund samt öarna Rügen och Hiddensee.

Ein gewaltiges Wahrzeichen in filigraner Ausführung ist für Stralsund die neue Rügenquerung geworden. Bei der Überfahrt bietet sich ein imposanter Blick auf die Insel beziehungsweise die Hansestadt.

A substantial landmark of Stralsund has become the new second bridge crossing to Rügen with its filigree design. While crossing an imposing view over the island or the Hanseatic city unfolds.

Ett mäktigt kännetecken i filigrant utförande är den nya Rügenbron. Vid överfarten får man en imponerande vy på ön och på hansastaden.

ZEITTAFEL

1234 erhält Stralsund das lübische Stadtrecht
1293 schließt die Stadt ein Schutzbündnis mit Lübeck, Wismar, Rostock und Greifswald (Anfänge der Hanse)
1316 wird Stralsund von einer Streitmacht europäischer Regenten belagert, über die die Bürger einen Sieg erringen
1325 gelangt die Stadt nach dem Aussterben des rügenschen Fürstengeschlechts unter pommersche Herrschaft
24. Mai 1370 »Stralsunder Frieden« zwischen dem dänischen König Waldemar IV. und dem Bündnis der Hanse
1488 Gründung der Stralsunder Schifferkompanie
1525 Reformation in Stralsund
1628 belagert der kaiserliche Feldherr Wallenstein erfolglos die Stadt
1648 Stralsund gelangt durch den Westfälischen Frieden unter schwedische Herrschaft
1678 Belagerung der Stadt durch den brandenburgischen Kurfürsten
1680 zerstört ein Großbrand einen Teil Stralsunds
1715 belagern Dänen, Preußen und Sachsen die Stadt, die in den nächsten fünf Jahren unter dänischer Herrschaft steht
1807 besetzen französische Truppen Stralsund
1809 Ferdinand von Schill fällt im Kampf gegen die Besatzungstruppen
1815 endet die Schwedenzeit, Stralsund kommt zu Preußen
1863 Anschluss an das Eisenbahnnetz
1873 Aufgabe des Festungscharakters der Stadt
1883 Trajektverbindung zwischen Stralsund und Rügen zum Transport der Eisenbahnwaggons
1936 Einweihung des Rügendamms
1938 In der sogenannten »Kristallnacht« werden die Synagoge zerstört und jüdische Geschäfte geplündert
6. Oktober 1944 amerikanischer Luftangriff auf Stralsund. Fast 800 Tote und ein Drittel des Wohnungsbestandes zerstört oder beschädigt
1. Mai 1945 Einnahme der Stadt durch sowjetische Truppen
1948 Baubeginn der Volkswerft
1960 Baubeginn im Stadtteil Knieper Nord
1980 Baubeginn des Stadtteils Grünhufe
1989 Beginn der Friedensgebete
1990 erste freie Wahlen
1991 beginnt der Lehrbetrieb an der Fachhochschule mit 2 800 Studenten
1994 Grundsteinlegung für die große Schiffbauhalle der Volkswerft
1996 Eröffnung der Marinetechnikschule
2002 werden die Städte Stralsund und Wismar in die Liste des UNESCO-Weltkulturerbe aufgenommen
2007 wird die neue Rügenbrücke übergeben
2008 Einweihung des Ozeaneums
2011 nach der Kreisgebietsreform gehört Stralsund zum Landkreis Vorpommern-Rügen

CHRONOLOGY

1234 Stralsund was granted the Lübeck town charter rights
1293 Stralsund closed a defensive alliance with Lübeck, Wismar, Rostock and Greifswald (Beginnings of the Hanseatic League)
1316 A force of European rulers besieged Stralsund. Citizens gained a victory
1325 After the extinction of the princely dynasty of Rügen, the city was placed under Pomeranian rule
May 24, 1370 »Treaty of Stralsund« between the Danish King Valdemar IV Atterdag and the alliance of the Hanseatic League
1488 Founding of the sailor company of Stralsund
1525 Reformation in Stralsund
1628 The imperial commander Wallenstein besieged the city unsuccessfully
1648 Stralsund came under Swedish rule by the Peace of Westphalia
1678 Siege of the city by the Brandenburg Elector
1680 A major fire destroyed a part of Stralsund
1715 Danes, Prussians and Saxons besiege the town. For the next five years, Stralsund is under Danish rule
1807 French troops occupy Stralsund
1809 Ferdinand von Schill died in battle fighting the occupation troops

1815 The Sweden time ends, Stralsund is ruled by Prussia
1863 Connection to the railway network
1873 Abandoning of the fortress character of the town
1883 Ferry connection between Stralsund and Rügen to transport railroad cars
1936 Inauguration of the Rügen causeway
1938 In the so-called »Kristallnacht«, the Jewish synagogue was destroyed and shops were looted
October 6, 1944 American air attack on Stralsund. Nearly 800 dead and a third of the housing stock destroyed or damaged
May 1, 1945 Soviet troops take the town
1948 Start of construction of the Volkswerft
1960 Start of construction of the district Knieper Nord
1980 Start of construction of the district Grünhufe
1989 Beginning of the prayers for peace
1990 First free elections
1991 Commencement of teaching at the University of Applied Sciences with 2800 students
1994 Foundation stone laid for the big hall of the Volkswerft
1996 Opening of the Naval School of Engineering
2002 The cities of Stralsund and Wismar have been included into the UNESCO list of World Heritage Site
2007 Handover of the new second bridge crossing to Rügen
2008 Inauguration of the Ozeanum
2011 According to the county reform Stralsund now belongs to the district Western Pomerania Ruegen

KRONOLOGISK TABELL

1234 får Stralsund lubisk stadsrätt
1293 slutar staden ett försvarsförbund med Lübeck, Wismar, Rostock och Greifswald (början av hansatiden)
1316 belägras Stralsund av en stridsmakt av europeiska regenter, borgarna besegrar de
1325 efter Rügenfurstens död hamnar Stralsund i furstendömer Pommern
24 maj 1370 »Stralsundfreden« mellan den danske konungen Valdemar IV. och hansaförbundet
1488 grundas Stralsunds Skepparekompani
1525 reformation i Stralsund
1628 belägrar den kejserlige fältherren Wallenstein staden utan framgång
1648 i Westfaliska freden tillfaller Stralsund Sverige
1678 belägrar den brandenburgiske kurfursten staden
1680 förstör en stor brandkatastrof Stralsund delvis
1715 belägrar danskar, preussare och saxare staden, den blir för fem år framåt dansk
1807 ockuperar franska trupper Stralsund
1809 stupar den preussiske frihetshjälten Ferdinand von Schill i strid med Napoleons soldater
1815 Svensktiden är över, Stralsund tillhör Preussen
1863 öppnas järnvägsförbindelsen
1873 har staden inte längre fästningskaraktär
1883 inrättas trajektförbindelsen mellan Stralsund och Rügen
1936 invigning av bro- och vägbanksförbindelsen till Rügen
1938 under kristallnatten bränns synagogan och judiska affärer plundras
6 oktober 1944 under det amerikanska bombangreppet på Stralsund dog nästan 800 människor och vart tredje bostadshus blev förstört eller skadat
1 maj 1945 rykte Röda Armén in i staden
1948 »Volksvarvets« uppförande startar
1960 uppförande av stadsdel Knieper Nord
1980 uppförande av stadsdel Grünhufe
1989 Fredsbönerna börjar
1990 första fria val
1991 fakhögskolan startar med 2800 studerande
1994 grundstenen lagd för den stora skeppsbyggehallen på »Volksvarvet«
1996 marinteknikskolan börjar att arbeta
2002 Stralsunds och Wismars upptagande på UNESCO-världskulturarvslistan
2007 den nya Rügenbron invigs
2008 Ozeaneum invigs
2011 Stralsund tillhör efter områdesreformen storkommunen Vorpommern-Rügen

SERVICE

TOURISMUSZENTRALE DER HANSESTADT STRALSUND
Alter Markt 9, 18439 Stralsund
Tel.: +49 (0)3831/24690
Fax: + 49 (0)3831/246922
info@stralsundtourismus.de
www.stralsundtourismus.de

Öffnungszeiten
1. Mai bis 20. Oktober:
Montag bis Freitag 10.00 bis 18.00 Uhr
Samstag und Sonntag 10.00 bis 16.00 Uhr
21. bis 31. Oktober:
Montag bis Freitag 10.00 bis 18.00 Uhr
Samstag 10.00 bis 14.00 Uhr, Sonntag geschlossen
1. November bis 30. April:
Montag bis Freitag 10.00 bis 17.00 Uhr
Samstag 10.00 bis 14.00 Uhr, Sonntag geschlossen

MEERESMUSEUM
Am Katharinenberg 14 – 20, 18439 Stralsund
Tel.: +49 (0)3831/2650210
www.meeresmuseum.de

Öffnungszeiten:
Juni bis September 10.00 bis 18.00 Uhr
Oktober bis Mai 10.00 bis 17.00 Uhr
Sylvester 10.00 bis 15.00 Uhr, 24. Dezember geschlossen

OZEANEUM
Hafenstraße 11, 18439 Stralsund
Telefon: +49 (0)3831/2650610
www.ozeaneum.de

Öffnungszeiten:
Juni bis September 9:30 bis 21.00 Uhr
Oktober bis Mai 9:30 bis 19.00 Uhr
Sylvester 10.00 bis 15.00 Uhr
24. Dezember geschlossen

KULTURHISTORISCHES MUSEUM
Mönchstraße 25 – 27, 18439 Stralsund
Telefon: +49 (0)3831/28790
www.stralsund.de

Öffnungszeiten:
täglich von 10.00 bis 17.00 Uhr
1. November bis 31. Januar Mo geschlossen
24. und 31. Dezember geschlossen

Cover: Hafen und Nikolaikirche
Cover: Harbor and St Nicholas' Church
Cover: Hamnen och St. Nikolai kyrkan

Seiten 2/3: Blick von Altefähr nach Stralsund
Pages 2/3: View from Altefähr to Stralsund
Sidor 2/3: Blick från Altefähr mot Stralsund

Die Deutsche Nationalbibliothek verzeichnet diese Publikation in der Deutschen Nationalbibliografie; detaillierte bibliografische Daten sind im Internet über http://dnb.ddb.de abrufbar.

Lagerstraße 7/18055 Rostock
Postfach 10 10 11/18001 Rostock
www.hinstorff.de
https://www.facebook.com/HinstorffVerlag

1. Auflage 2012
Herstellung: Hinstorff Verlag GmbH
Lektorat: Thomas Gallien
Titelgestaltung und Layout: Beatrix Dedek
Karte: Stefan Jarmer
Druck und Bindung: Beltz Bad Langensalza GmbH
Printed in Germany
ISBN 978-3-356-01476-1